To.

정 상 애 지음

이 시를 읽는 이에게

세상을 살아가는 모든 사람들이 자신의 삶의 현장에서 일어나는 삶의 이야기들을 지니고 있을 것입니다. 다만 그 삶의 이야기를 글로 남기는 사람이 있는가 하면 글로 남기지 않고 가슴에 담아두거나 잊어버리는 차이겠지요. 이 글을 쓴 저는 사랑했던 이야기, 아프고 고통스러웠던 이야기, 슬픔과 기쁨이 교차하는 이야기, 잊을 수 없는 사람들을 향한 그리움에 잠못 이루던 순간들의 이야기, 보고픈 부모님을 향한 마음의 이야기, 주님을 향한 영혼의 갈급함과 사모함의 이야기…. 이런 이야기들이 어느새 한 아름 모아져 한권의 책으로 나오게 되었습니다.

이 책은 주님을 바라보며, 말씀을 받으며, 기도응답을 받으며, 그 순간들을 잊어버리지 않으려고 한자한자 적었던 나의 삶의 일기요. 주님을 향한 사랑의 고백입니다.

"하늘 가까이 더 가까이 내 영혼아 달려가자! 하늘 가까이 더 가까이 하늘 아버지를 향해 내 영혼아 두 손을 모으자! 하늘 가까이 더 가까이 가는 길은 무릎을 꿇고 영으로 하늘 아버지를 부르는 것이니 내 영혼아 내 영혼아 두 손을 모아 무릎 꿇고 하늘 아버지를 부르자!"

정 상 애

차 례

날개 _09
자유하게 하실 때 _10
열매 _11
무엇을 _12
나의 입술이 닫혀 있을 때 _14
오월의 어느 날 _16
지우개 _18
주님 앞에서 _20
영혼의 기도 _22
찬양하라 _24
눈꽃처럼 _26
믿음으로 _28
태양빛처럼 _30
성령님 사랑합니다 _32
백합 _34
마음이 슬퍼요 _36
위대한 사랑 _38
빛의 물결로 _40
당신은 _42

미련한 나를 _44
갈망 _46
여름 가뭄 _48
마음의 비 _50
하나님의 주권을 인정하는 삶 _52
승리하리라 _54
생명의 물줄기 _56
주님과 함께 _58
마음 문 열어라 _60
당신의 임재 안에서 _62
당신이 생각나면 _64
당신 앞에 _66
사랑의 하모니 _68
언어가 없어도 _70
사랑의 힘 _72
눈물의 강 _74
십자가의 사랑 _76
나의 사랑 _78
응답 _80

부르짖었더니 _82
허전하게 하시더니 _84
부르심 _86
십자가 위에서 _88
기적을 체험하는 삶 _90
거룩한 바보 _92
가만히 부르면 _94
내 영혼이 _96
파도와 모래사랑 _98
의인들아 _100
침묵이 흐르고 _102
하늘 가까이 _104
불꽃으로 _106
질투하는 사랑 _108
내 영혼 깊은 곳에서 _110
주님 _112
힘을 내야지 _114
문득문득 _116
당신은 아니 계신 듯 _118

하늘 아버지의 사랑 _120
새벽이슬처럼 _122
황폐한 마음 _124
하늘에 _126
분에 넘치는 사랑 _128
밤새 _130
어느덧 _132
서러운 마음에 _134
인생의 무거운 짐 _136
고난의 날에 _138
추억이 되어 _140
구름 꽃 _142
조용히 _144
경건의 삶 _146
당신이 부르실 때 _148
신음소리 들으시고 _150
잊은 듯이 _152
잊어버린 마음 _154
영혼의 노래 _156

먼 곳에 _158

앞을 향해 _160

내 삶의 이유 _162

나의 피난처 _164

믿음의 바람 _166

사랑의 불꽃 _168

내 사랑 _169

오늘 밤에는 _170

가까이에 _172

환난을 당하나 _174

참 포도나무 _176

텅 빈 교회당 _178

신음소리 _180

아버지 _182

슬픔 _184

눈빛 속에 _186

밤마다 _188

묵언의 기도 _190

출렁이는 _192

내 의의 하나님 _194

당신을 사랑하시는 하나님 _196

낙망치 말라! _198

어리석은 자여! _200

나의 주님은 _202

지치고 힘들 때 _204

보혈 _206

나의 기도 수첩 _208

아버지는 농부 _210

누구보다도 _212

나의 삶 _213

응답 받기를 _214

사랑의 전달자 _216

근신하여 기도하라! _218

영혼을 사랑하는 마음 _220

오늘도 _222

날개

나에게
날개가 있다면
하늘로 날아올라
당신이 계신 곳으로
날아가고 싶습니다.

나에게
날개가 있다면
하늘로 날아올라
찾고 싶습니다.

나에게
하늘을 날 수 있는
날개가 있다면
나는 당신을 향해
날개를 펴고
거침없이 날아오를 것입니다.

자유하게 하실 때
··· 시편 126편 1절에서 4절까지 ···

주여 당신이 은혜를 내려
우리를 죄악의 포로에서
건지시고 자유하게 하실 때에
우리가 꿈꾸는 것 같았습니다.

그때에 우리의 입에는
웃음꽃이 가득하였고
우리의 혀에는
영혼의 찬양이 가득하였습니다.

그때에 우리가 말하기를
여호와께서 우리를 위하여
구원의 크신 대사를 행하셨다
선포하고 외쳤습니다.

주께서 우리를 위하여
열방을 향한 놀라운
기적을 행하셨으니
우리의 영혼이 기쁨으로
찬양의 입술을 열었습니다.

열매
··· 마태복음 7장 15절에서 20절 ···

거짓 선지자를 삼가라
거짓 선지자는
양의 옷을 입고 찾아와
노략질하는 자라

그들의 열매를 보고 그들을 알라
가시나무에서 포도가 열리는 것을 보았느냐
엉겅퀴에서 무화과를 따겠느냐

좋은 나무는 아름다운 열매를 맺노라
고로, 못된 나무는
나쁜 열매를 맺나니
좋은 나무가 되어
아름답고 좋은 열매를 맺어라

아름다운 열매를 맺지 않는 나무는
찍어 내어 불에 던지리라

고로, 좋은 나무가 되어
아름다운 꽃을 피우고
아름다운 열매를 맺는 자가 되어라!

무엇을

주님!
무엇을 찾거나
무엇을 구하거나

오직
주님 뜻을 찾게 하시고
주님 영광을
구하게 하소서

주님!
무엇을 원하거나
무엇을 바라거나

오직
주님 원함이 무엇인지
알게 하시고
주님 기뻐하심을
바라게 하소서

주님!
무엇을 향하거나
무엇을 이루거나

오직
주님을 향하게 하시고
주님 나라 의를
이루게 하소서

나의 입술이 닫혀 있을 때

홀로 존귀와 영광과 찬양을 받으소서!
우주 공간 가운데 충만히 운행하시는 성령 하나님

우리 주 예수그리스도의 거룩한 이름으로
임하시는 성령 하나님 거룩함으로 임하소서!

나의 마음이 닫혀 있을 때
나의 입술이 닫혀 있을 때

기도의 영으로 기름 부으시고 임하셔서
간구하는 입술이 되게 하시고

마땅히 무엇을 구할지 아는
지혜로움이 있게 하셔서
하나님 기뻐하시는 간구함이 되게 하시고

나의 영혼을 열어 간구하는 영혼이 되게 하시고
하나님과의 영혼의 교통함 가운데서 민감하게 하시며
성령님 공급하시는 능력에 잡힌 바 되게 하셔서

지혜의 말씀으로 지식의 말씀으로 충만하게 하시고

믿음으로 행하고, 예수그리스도 이름으로
병든 자에게 손을 내밀 때 치유의 역사가 있게 하시고
영혼의 사슬에 묶여 있는 영혼들이 자유를 누리는
성령님 일하시는 현장이 되어 표적과 기사가
예수그리스도의 이름으로 이루어지게 하소서!

성령 하나님의 임하심을
사모하고 간구할 때 기름 부으시고 임하소서!

홀로 존귀하신 하나님
영광과 존귀와 찬양을 받으소서!

오월의 어느 날

화창한 봄날
빛은 따사롭다 못해
더위마저 느껴지는 강렬함이
온몸과 마음을 지치게 하고

이유 없는 짜증이 마음을
방황하게 하는 순간들이 나를 힘들게 한다!

외로움마저 나를 잡아당기는
영혼의 곤고함이 뼛속까지
스며드는 아픔으로 밀려든다!

알 수 없는 눈물만
마음을 적시고
강렬한 태양을 향해
소리를 질러 보지만

오월의 나의 마음은 무엇인가
채워지지 않는 허전함으로
영혼의 깊은 탄식의 소리로
나를 울게 한다!

강렬한 태양빛은
나의 마음을 달래기라도 하듯

나의 온몸과 마음을
뜨거운 빛으로 휘감아 돌리고

나의 영혼을 빛 가운데로 이끌어
나의 마음 깊숙이 스며들고
지친 나의 마음과 영혼을
위로한다.

지우개

지우개는 글을 쓰다가 잘못 쓰면
지우라고 있다는데
내 마음에 담긴 당신을
아무리 지우려 해도 지울 수가 없습니다.

잘못 쓴 자리에 지우개로 지우고 나면
흔적을 남기는데
당신을 담았던 내 마음에
당신을 향한 그리움만 흔적으로 가득합니다.

내 마음에 담았던 당신을
지운다고 자국까지 지워지겠습니까?

화이트는 볼펜으로 글을 쓰다가
잘못 쓰면 지울 수가 없기에 덮으라고 있다는데

내 마음에 담긴 당신을
지울 수가 없어 화이트로 덮는다고
당신을 향한 마음이 덮어지겠습니까?

아무리 덮으려 해도
내 마음에 담긴 당신을 덮을 수가 없습니다.

지운다고 내 마음에 담겨 있는
당신이 지워진다면 잘못 쓴 글을
지우개로 지우듯 지우겠습니다.

덮는다고 당신을 담았던 자리가
덮어 진다면 화이트로 내 마음을 덮겠습니다.

지우려 해도
덮으려 해도

내 마음에 담았던 당신을
지울 수도 덮을 수도 없습니다.

그것은 내 마음에 당신이
깊이 담겨져 있기 때문입니다.

주님 앞에서

주님 내가 주님 앞에서 눈물을 흘림은
나의 부족함을 알기 때문입니다.

주님 내가 주님 앞에서 눈물을 흘림은
나의 죄를 알기 때문입니다.

주님 내가 주님 앞에서 눈물을 흘림은
나의 약함과 우둔함을 알기 때문입니다.

주님 내가 주님 앞에서 눈물을 흘림은
주님께서 나의 부족한 모습을 알면서도

나를 외면하지 아니하시고
나를 사랑하심 때문입니다.

주님 내가 주님을 사랑하므로
나의 생명을 주님께 드립니다.

주님!
주님께서 영광 받으시는
생명으로 사용하소서

주님께서
쓰시고자 할 때에
언제나 나는 주님 앞에 있습니다.

나는
언제나 주님의 것이기 때문입니다.
주님이 원하실 때 나는 언제나
주님 앞에 있습니다!

영혼의 기도

내 영혼 속 깊이에
머무르고 있는 사람
당신을 위해
영혼을 다스리는 분께
기도합니다.

영혼을
다스리는 분이
당신을 얼마나 사랑하시는지
당신을 위해
간절한 기도를 토하게
하시기 때문입니다.

영혼을 사랑하시는 분이
내 영혼 깊이에
당신의 영혼을
품으라 하시니
당신의 영혼을 품고
갈한 영혼의 소리로
간구합니다.

당신의
영혼을
사랑하시는 분이
당신을 향한 기도의 손을
영혼의 강한 줄로
묶어 주셨기 때문입니다.

당신의
영혼을 지극히 사랑하시는 분이
당신을 향한 기도의
무릎을 꿇게 하시기 때문입니다.

찬양하라
··· 시편 24편 1절에서 10절까지 ···

땅에 거하는 모든 자들아
여호와를 찬양하라
세상 모든 것이
여호와의 것이라

여호와께서
그 터를 바다 위에 세우시고
강들 위에 건설하셨도다.

세상 모든 자는
여호와의 성산에 올라 예배할지라

손을 깨끗하게 하고
마음을 정결하게 하며 뜻을 좇아
진정한 예배자로 복을 받는 자가 될 찌라

여호와께 복을 받은 자들아
머리를 들고 영원한 우리 왕
여호와를 향해 얼굴을 들고 찬양하라

영광의 왕 만군의 여호와께
입을 넓게 열어 찬양하라

위대하신 우리 왕 여호와께 찬양하라
찬양하라 다 찬양하라

눈꽃처럼

오늘은 이른 새벽부터
하얀 눈꽃이 펑펑

힘들고 외로운 이들의
가슴을 적시는 하얀 날

하늘에서
눈꽃이 펑펑
쏟아지는 하얀 새벽

하늘에서
만나가 하얀 눈꽃 되어
축복처럼 내립니다

삶의 무거운 짐을 진
외로운 이들의 가슴에

하늘에서
내리는 꿈과 소망이
가득하기를 기도하며

아름다운
하늘의 꽃이
가슴을 적시는
하얀 길을 걸으며
힘들고 어려운 시대에
지친 영혼들을 위해
기도의 두 손을 모아 봅니다.

믿음으로
… 시편 107편 1절에서 29절까지 …

믿음으로 부르짖고 낙망치 말라
인내로 참고 견디며 밤낮 부르짖는
기도에 반드시 응답이 있으리라!

믿음으로 굳게 서서 흔들리지 말고
큰 소리로 떼를 쓰며 기도하라!
영혼의 소리로 외치라!
간절하고 애절한 영혼의 외침으로
하늘 보좌를 울리라!

믿음으로 무릎 꿇고 열광과 뜨거움으로
땀방울이 눈물이 되어 피 방울이 되도록
힘을 다해 외치라!

믿음으로 외치는 몸부림과 토해내는 중심을 보시고
하나님께서 귀를 기울이시며 응답하시리라!

의심 없는 믿음으로 부르짖는 자에게
문제의 해결이 따르리라!

끈기 있는 믿음으로 천국 문을 두드리는 자에게는
반드시 해결의 응답이 있으리라!
믿음으로 주님만 바라고
겸손과 낮은 마음으로

부르짖는 자에게 승리의 기쁨을 안겨 주시리라!
믿음의 기도로 하나님의 능력의 물줄기를 끌어 내리라!
흑암과 영혼의 결박을 반드시 풀어 주시리라!

믿음으로 기도하는 자는 반드시 하나님의 역사를 보리라!
간청하며 전심으로 찾고 찾으면 하나님을 만나리라!

믿음으로 기도하면 영으로 육으로
하늘의 기쁨을 맛보리라!

태양빛처럼

하루를 시작하면서 당신을 가만히 부르면
당신은 사랑으로 다가옵니다.

사랑으로 다가온 당신을
가만히 안아봅니다.

당신을 안으면 나의 마음 금세 행복으로 가득 채워집니다.
당신과 함께하는 행복은 입가에 미소 띠게 하는 행복입니다.

당신과 함께하는 행복이 얼마나 큰 기쁨인지
나를 보는 이들은 나를 부러워 합니다.

당신이 내게 주신 이 행복이 참 행복이기에
나는 다른 사람들에게도 이 행복을 나누어 주려 합니다.

당신이 주는 행복은 참 행복이고
주어도 주어도 끝이 없는 십자가에서 내리는
생수와 같은 행복이기 때문입니다.

당신이 주는 마르지 않는 행복을
샘물처럼 솟아나는 행복을
잔잔히 밀려오는 파도 같은 행복을
태양빛처럼 따뜻한 행복을

나는 오늘도 다른사람들에게 나누어 주려고
당신이 주는 행복을 가슴에 담아
당신이 주신 행복을 받을 사람을 찾아갑니다.

세상에는 당신이 생명을 아끼지 않고
십자가에서 부어주신 사랑
십자가에서 부어주신 행복을
받아야 할 이들이 많기 때문입니다.

당신이
내게 주신 행복으로 나는 참으로 행복합니다!

성령님 사랑합니다

… 성령님! 사랑합니다. 나의 생명 다하도록 당신을 사랑합니다 …

성령님 사랑합니다.
그리고 감사와 영광과 찬양을 돌려 드립니다.

한 생명을 천하보다 귀하게 여기시고
귀한 영혼을 열린 모임에 이끄셔서
예수님 믿어 구원받아 하나님 자녀 되게 하시니 감사합니다.

오늘도 우리의 열린 모임에 영혼을 이끄시고
예수님 만나는 은총을 주심은 당신께서
친히 일하심을 보게 하심입니다.

우리 가운데 일하시는 성령님
당신께서 일하시므로 영적 파장이 물 흐르듯이
감미로움으로 우리 가운데 흐르게 하심을 감사드립니다.

우리의 감겨 있는 영혼의 눈을 열어
성령님 당신께서 일하고 계심을 보게 하셨습니다.

성령님!
당신께서 일하시므로
열린 모임을 통해서 재생산되고
또 다른 리더가 세워지므로
번식의 은혜가 있기를 기도합니다.

간절한 나의 기도 받으셔서
누룩처럼 번식하는 열린 모임이 되게 하시고
예수님의 이름으로
기사와 표적이 따르게 하셔서
하나님 나라가 흥왕하게 되는 역사가 이루어지게 하소서!

성령님!
당신께 열린 모임 장소를 내어 드립니다.
그리고 당신의 임하심을 사모하고, 환영합니다.
오셔서 기름 부으시고, 당신의 일 하시는 통로로 사용하소서!

백합
… 주일날 백합 꽃꽂이를 바라보면서 …

눈부시도록 아름다운 백합
하얀 잎 열어 찬양함이
향기를 품어 내고

빛을 발하는 꽃잎
살며시 고개 숙임이
겸손의 절정을 이룬다

아름다운 자태
향기로 채우니
여섯 날개 꽃잎으로
창조주 하나님께 찬양한다

푸른 잎 손을 펴 꽃송이 받쳐드니
백합꽃 겸손의 머리 들고

줄기 속 깊음에서 울어나는 소리로
창조주를 찬양함이 거문고에 맞추는
천상의 맑은소리…

영혼까지 뒤흔드는 천상의 소리라!

푸른 잎 손을 펴 꽃송이 받쳐드니
겸손의 머리 들고 아름다운 입술 열어
찬양함이 천상의 아름다움이라!

마음이 슬퍼요

주님!
요즈음 마음이 슬퍼요!
괜시리 울고 싶어지네요!
하늘을 향해서 어린아이처럼
떼 쓰고 소리치며 울고 싶어지네요!

주님!
요즈음 마음이 아파요!
마음이 텅 비었어요!
그래서 외로운 눈물을 말리려고
하늘을 쳐다보지만
흐르는 눈물은 어쩔 수 없네요!

주님!
요즈음 마음이 허전하네요!
누군가 살짝 건드리면
터질 것만 같은 눈물이
외로움으로 허전함으로
아프게 하네요!

주님!
그래도 나의 사랑하는
주님이 함께하시니
견디며 웃으며 이기려고 노력하네요!

허전함 가운데도 외로움 가운데도
텅 비어 버린 마음 가운데도
주님은 계시니까요!

위대한 사랑

당신으로 인한 사랑은 존귀한 사랑
슬픔도 외로움도 함께하는 사랑으로
가슴 저미는 애절함 가운데서 기쁨으로
타오르는 불길 같은 사랑

사랑이 목마른 갈증이라 할지라도
쏟아지는 폭포수처럼 흐르는 물줄기처럼
밀려오는 파도 같은 사랑

당신으로 인한 사랑은 밤하늘에 별과 같이 빤짝이는
강렬하게 비추는 태양과 같은 사랑

끝없는 그리움으로 다가와 함께 호흡하며
함께 즐거워하는 사랑
긴 시간 함께해도 지루하지 않는
의지와 기댐이 되고 꿈과 소망이 되는 행복한 사랑

당신으로 인한 사랑은 감사와 축복으로
받는 기쁨보다 주는 기쁨이 크기에
아낌없이 주는 사랑

섬김과 충성이 동반되었고
끝없는 순종으로 생명을 아끼지 않는 희생의 사랑
당신의 애절한 눈물이 담긴 사랑

당신의 사랑은 참사랑

당신으로 인한 사랑은 끝없는 힘과 용기
당신의 사랑은 공급하는 힘과 능력
세상을 이기는 승리의 원천
모든 것을 품을 수 있는 위대한 사랑

"당신의 사랑은 위대한 사랑"

빛의 물결로
··· 시편 81편 1절에서 16절까지, 금요 기도회 ···

우리의 능력이신 하나님께
노래하며 즐겁게 소리하게 하소서
소고 치며 아름다운 수금으로 비파로 노래하게 하소서
월삭과 월 망으로 절일 마다 나팔 불게 하시고
우리에게 주신 율례와 규례로 순종하게 하소서

애굽 땅 종 되었던 곳에서 이끌어 내신
하나님사랑을 찬양하게 하소서

하나님의 말씀은 꿀이며 양약이니
어깨를 누르고 있는 인생의 무거운 짐을 벗기고
참 평안으로 쉼을 얻게 하소서

고난 가운데서 부르짖을 때 건지시고
뇌성의 은은한 곳에서 응답하소서
하나님의 말씀 듣기를 원할 때
영의 귀를 열어 듣게 하시며
마음을 넓히고 가슴으로 받게 하소서

입을 넓게 열고 마음을 넓히며
처소의 휘장을 널리 펴고 줄을 길게 하여
말뚝을 견고하게 하며 굳게 서게 하소서
하나님을 향해서 입술을 넓게 열게 하시며
하나님을 청종하게 하소서

우리에게 능력이신 하나님을 높이며
영혼의 아름다움으로 천상의 맑은소리로
투명한 침묵 속에 흐르는 고요함으로 노래하게 하소서

영혼의 신비한 음향으로 하나님의 빛의 물결로
하나님을 노래하게 하소서

당신은

당신은
언제나 내 마음에 있습니다.

당신은
내 안에서 나와 함께 즐거워하고
당신은 나와 함께 행복해 합니다.

당신은
나의 사랑이기에 나와 함께 호흡하며
내 안에서 나의 그리움이 되었습니다.

당신은
나의 전부이고 당신은
나의 생명입니다.

당신은
나의 삶의 존재이며
나의 의미이고 나의 기쁨입니다.

당신은
나의 희망이고 꿈이며
나의 행복입니다.

당신은
내 마음에 끝없는 그리움으로
채우며 나의 온 맘 다해 당신을 향하게 하십니다.

당신은
나의 마음을 사로잡아 나의 마음이 당신에게서
벗어나지 못하도록 묶고 있는 강한 사랑의 줄입니다.

당신은
나의 사모하는 나의 사랑 나의 주님입니다.

미련한 나를

미련한 나를 택하시고
미련함을 불쌍히 여기시며
하나님의 지혜로 채우셨습니다.

약한 나를 택하시고
약함을 긍휼히 여기시며
하나님의 강함으로 채우셨습니다.

천한 나를 택하시고
천함을 인애로 덮으시며
하나님의 존귀로 채우셨습니다.

가난한 나를 택하시고
가난함을 윤택함으로 기름지게 하시며
하나님의 부유함으로 채우셨습니다.

하나님
당신의 사랑으로
나를 이끄시고 부족하고
우둔한 나에게 당신의 것으로
공급하시며 영혼의 윤택함으로

기름지게 하시고 의로움과 거룩함 가운데
축복으로 채우시고 구속의 은총 가운데서
당신의 불꽃 같은 사랑으로 안으셨습니다.

갈망

나의 영혼 오늘 밤도
잠 못 이루며
당신의 임하심을 사모합니다.

내가 사모하는
당신을 기다리며
잠 못 이루고 뒤척이는
밤이 얼마나 많은지

나의 육신 누워 잠을 청하지만
나의 영혼 당신의 임하심을 기다리며
나의 영혼 당신께 속하기를 원하며

영혼의 갈함으로
사슴이 시냇물 찾기에 갈급함같이
나의 영혼 당신의 마르지 않는
생명수로 채워지기를 갈망합니다.

나의 영혼 오늘 밤에도
당신의 집에 자리 펴고
당신의 기름 부으심을 기다리며 사모합니다.

내가 사모하는 당신을 기다림이
나의 생명과도 같습니다.
나의 갈한 영혼 불쌍히 보시고
당신의 마르지 않는 생명수로 채우시기를 기다립니다.

"주님, 이 부족한 여종을 불쌍히 여기시고
당신의 은총으로 덮으시고,
갈한 나의 영혼에게
당신의 풍성한 은혜와 당신의 놀라운 능력으로
당신의 사랑으로 기름 부으소서!"

나의 영혼 당신의 집에 누움은
당신을 사모함이 나의 생명과도 같기 때문입니다.
나의 영혼 오늘 밤도 당신의 기름 부으심을 갈망하며
당신을 기다립니다.

여름 가뭄

내 마음에 당신을 사랑하기에
당신을 그리워합니다.

꿈결처럼 다가오는 당신을
날마다 보고 싶어 합니다.

내 마음에 당신은 언제나 희미한 기억 속에
사랑의 향수로 다가오기에
내 마음 날마다 당신을 향해 달려갑니다.

당신은 언제나 내 마음에서
함께 춤추며 노래합니다.

내 마음에 춤추는 당신은
내 영혼 깊이 스며들어
내 마음 사로잡고 있습니다.

내 마음 사로잡고 있는 당신을 기다리는 내 마음은
불어오는 바람 타고
당신을 향해 달려갑니다.

내 마음 당신을 향해 달려갈 때
그리움은 파도처럼 밀려와
내 가슴 미어지는 그리움으로
파도 치게 합니다.

내 마음에 당신을 사랑하기에
나는 날마다 여름 가뭄에
장맛비 기다리듯 당신을 기다립니다.

나는 오늘도 내 사랑 당신을 기다립니다.
여름 가뭄에 농부가 장대비 기다리듯이…

마음의 비

내 마음에서 비가 내린다.
슬픔으로 가슴을 적시면서
그칠 줄 모르고 쏟아져 내린다.

내 마음의 창문을 적시면서
아픈 마음을 씻기라고 하듯
쫙쫙 가슴을 적시면서 내린다.

내 마음에서 비가 내린다.
울음을 참고 있는 마음을 달래기라고 하듯
폭풍우 된서리 맞은 내 마음을
한껏 적시면서 내린다.

고래 싸움에 새우 등 터진다더니
자기들끼리 다투더니
하루 지나 화살은 내게로 돌리고

나는 당연한 것처럼
대꾸 한마디 못하고
내 마음에서 된서리 비만 내린다.

내 마음을 한껏 적시면서
내 눈에 눈물을 감추듯이 내린다.

그러나
진실하신 아버지는
된서리 맞은 내 마음을 아시리라!

하나님의 주권을 인정하는 삶
… 주일 말씀을 받으면서 …

주님!
나에게 주어진 삶과 환경 가운데서
있는 모습 그대로 아무것도
감추지 않는 진실한 모습으로
거짓 없는 솔직함을 아뢰며
하나님께 나아가는 자가 되게 하소서!

하나님은 외식하는 자를 기뻐하지
아니하심입니다.

하나님은 상한 심령을 가지고
당신 앞에 나아가 자신을 내려놓고
죄악을 자백하는 자를 기뻐하심입니다.

나와 환경 사이에
하나님이 계심을 인식하고
하나님 중심으로 바라보고
하나님과의 관계를 바로하며
하나님의 주권을 인정하는 자가 되게 하소서!

그러므로
당신과의 사랑의 아름다운
교제를 이루는 믿음으로 서게 하시고
평안과 자유 함으로
하나님께 영광 돌리는
기쁨의 삶을 살게 하소서!

언제나
하나님 중심의 삶
하나님의 주권을 인정하는 삶을
살기를 힘쓰며 기뻐하게 하소서!

승리하리라

벗어 버리지 못한 세상의 것들
내 안에 가득, 무익함으로 남아
나의 영혼을 곤고하게 하는
무거운 짐으로 나를 짓누르고

나의 영혼은
하늘의 것을 찾으나
나의 육은 아직도 세상에 매어
눈앞에 바라보이는 것들로

넘어지고 쓰러지며 낙심하니
나의 믿음이 연약함이라!
나의 영혼이 성숙치 못함이라!

무익한 육에 속한 세상 것 벗어버리고
하늘의 것 추구하면서
꿈을 가지고 소망 가운데서
앞을 향해 전진 또 전진하자고
무릎 꿇어 간절히 부르짖고
절규하며 소리쳐보지만…

어찌하랴!
어찌하랴!

벗어버리지 못한 세상의
썩어질 무익함이 내 안에서 가득하니
내려놓지 못한 세상 미련이
나를 이끌어 나의 영혼을
혼란 속으로 이끄는구나!

그러나 육신의 무익함을 벗어 버리고
강하고 담대한 그리스도의 군사로서 승리하리라!
주께서 나와 함께하시니 나는 승리하리라!

나는 할 수 없으나
내게 능력 주시는 주안에서 승리하리라!

생명의 물줄기

빗방울이
후두둑 떨어지면서 대지를 적신다.
하늘 문이 열리는 소리 우르릉 꽝꽝
번개 빛을 발하면서 쏟아지는 빗줄기

땅은 입을 열어
하늘에서 부어주는
생명의 물줄기를 받아 마시며
만물이 살아 움직이고 생명의 꽃을 피우리라!

하늘의 샘들이 터졌는가!

물줄기가 세차게 번개 빛을 타고
하늘로부터 좍좍 쏟아져 내리며
거리를 적시고 빗물이 고이는 거리는
새로운 역동 감으로 채워간다.

세찬 바람과 함께
빗방울이 후두둑 쏟아지는 거리를
자동차들이 쌩쌩 달리며
생명의 물줄기를 받아 꿈을 실어
희망찬 내일을 향해 달린다.

대지를 적시는 기쁨을
만끽하고, 땅은 적셔주는 빗줄기와 함께
하나 되어 어우러져 춤춘다.

주님과 함께

주님!
적막마저 흐르는 조용한 공간 속에
이 시간 주님과 나 둘뿐입니다.

어둠이 깔리고 불빛들이 하나 둘 점등되는 시간이 되면
나의 마음은 설레 임으로 바빠지기 시작합니다.
그것은 나의 사랑하는 주님과 함께하는
이 순간을 기다림 때문입니다.

주님!
당신과 함께하는
이 축복된 순간들이 한날의 삶 가운데
가장 행복할 수 있는 것은
당신의 사랑 가운데서 나의 있는 모습 이대로
숨김없이 기도로 내려놓으면 당신은 넓은 가슴으로
나를 받아주시고, 손 내밀어 나의 지친 손 잡아
일으켜주시기 때문입니다.

때로 당신께 나의 눈물을 드리면
당신은 눈물 가운데 함께하시며
당신의 따스한 손길로 눈물 닦아 주시며
위로의 포근함으로 안으시고
나의 눈물 가운데 함께하십니다.

때로 당신께 어린애처럼
투정부려도 당신은 그저 사랑으로
감싸 안으시고 바라보아 주십니다.

주님!
나는 오늘 밤도 적막한 공간 속
아무도 없는 교회당에서
당신을 향한 기도의 무릎으로 당신의 사랑을
마음으로 영혼으로 온몸으로 느끼며
당신의 사랑 가운데 나의 영혼을 내려놓습니다.

주님!
당신과 함께하는 기도의 시간이 하루 중 가장 행복한 것은
당신의 사랑 가운데 나의 영혼의 호흡이 있기 때문입니다.

마음 문 열어라
… 시편 107편을 읽다가 …

굳게 닫혀 있는 마음에
문빗장 깨뜨리고 마음 문 열어라!

사망의 그늘에
앉아 있는 자들아
흑암과 사망에서 건지시는
여호와께 마음 문 열고 나아와
여호와의 기이한 일을 인하여
여호와를 찬송할찌라!

여호와의 인자하심이
영원하심이로다.

주리고 목마른 영혼들아 마음 문 열어라!
여호와의 인자하심이 주린 영혼들을
만족하게 하심이라!

흑암과 사망의 쇠사슬에 매어
사망의 그늘에 앉은 자들아
마음 문 열고 여호와께 나아와
마음을 낮추고 엎드러

여호와의 인자하심에
감사하며 찬송할찌라!

마음 문 열어라!
굳게 잠겨 있는 놋 문을 깨뜨리고
쇠 빗장을 꺾어 마음 문 열고
여호와를 높이며 찬송할찌라!

여호와의 인자하심이
영원하심이라!

당신의 임재 안에서
··· 시편 119편 65절에서 80절, 철야기도회 말씀을 받으면서 ···

주님!
당신의 말씀으로
나를 이끄시고
당신의 임재 안에서
부드러운 마음으로 채우소서!

주님!
당신의 은혜로 덮으셔서
당신의 말씀을 지키게 하시고
교만과 거짓을 버리고 주님의 명철과
지식으로 주의 법을 즐거워하게 하소서!

주님!
당신의 입의 법이
천천 금은 보다 승하므로
당신의 입의 법을 지키게 하소서!

주님!
당신의 손이 나를 만들었고, 세우셨으니
나로 깨닫게 하셔서 주의 계명을 배워
당신을 경외 하는 자가 되게 하소서!

주님!
당신의 긍휼 가운데서
당신의 임재 안으로 이끄시고
당신의 법이 나의 즐거움이 되게 하소서!

주님!
당신의 손으로 나를 세우시고
내 마음에 주의 율례를 기뻐하므로 완전하게 하셔서
수치를 당하지않게 하소서!

주님!
당신은 완전하시며
당신의 입의 법은 천천 금은 보다
나음입니다.

당신이 생각나면

당신이 생각나면 하늘 한 번 쳐다보고
당신이 보고파지면 땅 한 번 바라봅니다.

당신이 그리워지면 살며시 눈을 감아 보고
당신이 떠오르면 가슴에 안아봅니다.

당신이 생각나면 불어오는 바람에
그리움 실어 날려봅니다.

당신이 보고파지면 먼 산 바라보고
산 위에 떠 있는 구름 위에
그리움 실어 보냅니다.

당신이 그리워지면 호흡 한 번 크게 들이마시고
머리 한 번 흔들고
종종걸음으로 앞을 향해 달려갑니다.

그래도 당신이 생각나고 보고 싶으면
당신을 조용히 불러 봅니다.

당신이 나의 사랑으로 나의 마음에
나의 주인으로 있기 때문입니다.

당신 앞에

당신을
향한 마음이 내 안에서
그리움으로 일렁일 때

나는
당신을 향해
밀려가는 파도이고 싶습니다.

당신을
향한 마음이 내 안에서
그리움으로 파도 칠 때

나는
당신을 향해
날아가는 한 마리
새이고 싶습니다.

당신을
향한 마음이 내 안에서
그리움으로 고동칠 때

나는
당신을 향해
항해하는 바다 위에 배이고 싶습니다.

당신을
향한 마음이 내안에서
그리움으로 채워질 때

나는
당신 앞에
놓여 있는 바위이고 싶습니다.

사랑의 하모니
… 12주 열린 모임 가운데서 헌신된 사랑을 보았습니다 …

하루 이틀 사흘
행복이란 아름다운 합창이 이루어지고

행복으로 채워가는
순간들이 지나쳐 가면서
사랑의 아름다운 하모니를 이룬다.

하루 이틀 사흘
사랑의 아름다운 하모니를 이루며
사랑의 성숙함을 이루고
사랑의 부드러운 향기를 뿜어낸다.

하루 이틀 사흘
행복이란 아름다운 합창을 이루고
사랑의 아름다운 하모니를 이루며
부드러운 향기로 사랑의 잔이 넘친다.

하루 이틀 사흘
사랑의 잔에 넘치는 향기가
거룩한 사랑으로 헌신의 꽃을 피운다.

하루 이틀 사흘
사랑이란 아름다운 헌신을 이루고
거룩한 사랑의 힘으로
헌신된 성숙한 사랑의 향기를 뿜어
사랑의 하모니를 이룬다.

헌신된 거룩한 사랑의 힘이
성숙한 사랑의 빛으로
어둠을 밝히며 행복의 빛을 모아
사랑의 하모니를 이룬다.

언어가 없어도
… 새벽 기도를 마치고 …

언어가 없어도
들리는 소리가 없어도

우주공간은
장엄한 운행이 이루어지고

창공에는 새들이 날고
바다에는 어류가 왕래한다.

언어가 없어도
들리는 소리가 없어도

하늘의 궁창은
하나님의 영광을 선포하고

세계 속에
만물이 하나님의 역사를 말한다.

날은 날에게 말하고
밤은 밤에게 지식을 전하니

언어가 없어도
말씀도 없으며 들리는 소리가 없으나(시편19:1-3)

영혼의 깊음 속에서
하나님을 만나고
하나님의 역사를 보고
하나님의 우렁찬 소리를 말한다.

사랑의 힘
… 주일예배 때 말씀을 받으면서 …

거룩한 힘은 사랑의 힘입니다.
참사랑은 헌신의 힘입니다.
사랑은 온유와 절제의 힘입니다.

사랑은
옳은 말보다
더 중요한 선을 이루는
은혜의 말입니다.

사랑의 말은
힘을 주고, 용기를 주기 때문입니다.
사랑은 상대에게 덕을 끼치는 것입니다.

그래서
성숙한 사랑은 자신의 자아를 죽이고
오래 참고, 견디며
자신을 헌신의 제물로 내려놓고
덕을 끼치며, 감싸 주고
위로하는 것이 참사랑이고
성숙한 사랑입니다.

성숙한 사랑은
자신의 몸을 찢어
사랑의 빈 잔을 채워주는 것입니다.

그러므로
자신을 찢는 희생의 사랑은 생명을 살리고
온유와 절제가 있는 사랑은
성숙한 사랑의 힘으로
사랑에 빛을 비추어서 세상을
밝히는 거룩한 사랑의 힘입니다.

눈물의 강

당신이 보고 싶으면
그리움을 쌓고

그리움이 쌓이면
당신의 이름을 부릅니다.

당신의 이름을 부르면
그리움은 눈물이 되어
가슴을 적십니다.

가슴을 적시는 눈물은
물이 되어 강을 이루고

강을 이룬 눈물은
당신을 향해 흐릅니다.

당신을 행해 흐르는
눈물의 강은 깊은 호수를 이루고

호수를 이룬 눈물의 강에서
당신의 모습 그려봅니다.

당신의 모습 그리면
물밀듯이 밀려드는 그리움은
가슴에 그리움만 채웁니다.

십자가의 사랑

주님!
당신을 처음 만나던 날
나의 가슴은 뜨거운 불길로
타는 듯 했습니다.

주님!
이 뜨거운 불길은
세상의 불길보다 더 뜨겁게
나의 가슴을 활활 태웠습니다.

주님!
나의 가슴을 활활 태운 불길은
보혈로 이룬 당신의 사랑이였습니다.

주님!
당신의 보혈로 이룬 사랑은
당신의 십자가에서 이루신
구원의 사랑이였습니다.

주님!
당신의 보혈을 쏟으시고
십자가에서 이루신 구원의 사랑으로
나의 마음을 사로잡았습니다.

주님!
당신이 이루신 십자가의 사랑으로
나의 영혼은 참 안식을 누리고
끝없이 공급하시는 하늘의 만나로
삶의 참된 가치를 발견했습니다.

주님!
당신이 이루신 보혈의 사랑
당신이 이루신 십자가의 사랑
삶의 참된 가치를 전하며 살겠습니다.

나의 사랑

당신을 사랑합니다.
많이 사랑합니다.

당신을 사랑하기에
나는 행복합니다.

당신이 내 옆에 있어
나는 늘 마음이 즐겁습니다.

당신은 나의 의지가 되고
나의 기댐이 됩니다.

당신은 나의 사랑입니다.

언제나 나를 바라보고
웃어주는 당신…

나는 당신을 사랑합니다.
당신을 많이 사랑합니다.

당신이 나와 함께 호흡함이
나는 행복합니다.

언제나 나의 부족함을
감싸 안아주는 당신…

나는 당신이
내 옆에 있어 행복합니다.

당신은 나의 사랑
당신은 나의 전부입니다.

응답

주님!
나는 당신께
작은 것을 드렸는데

당신은
나에게 많은 것으로
넘치도록 부어 주셨습니다.

주님!
나는 당신께
작은 것을 구했는데

당신은
나에게 큰 것으로
응답해 주셨습니다.

주님!
나는 당신께
작은 희생으로 드렸는데

당신은
나에게 놀라운 사랑을
공급하시고 기쁨이 끊어지지 않는
축복으로 채우셨습니다.

주님!
나는 당신께
작은 충성을 드렸는데

당신은
나에게 하늘 곳간을 열어서
부족함이 없도록
풍성하게 채우시고 공급하셨습니다.

부르짖었더니
… 나의 부르짖는 소리에 응답하신 하나님을 찬양합니다 …

나의 환난 날에 하나님께 부르짖었더니
환난 가운데서 응답하셨습니다.

풍랑이 일더니 고통이 찾아오기에
잠잠하지 않고 하나님께
성소에서 부르짖었더니
하나님은 성소에서 도우시며
시온에서 응답하셨습니다.

환난이 임하고 광풍이 일 때에
예배하며 부르짖음을 기억하시고
나의 예배를 받으시며
나의 마음에 간구하는 신음소리 들으시고
응답하시고 이루셨습니다.

환난 가운데서 고난을 안고
금식하며 도우심을 요청하면서
가슴을 찢으며 무릎 꿇어 부르짖었더니
고통 속에서 부르짖음을 들으시고
하늘에서 구원하셨습니다.

환난 가운데서 영혼의 아픔과 곤고함을
내려놓고 하나님의 도우심을 구하며
부르짖었더니 말씀을 보내셔서

"위경에서 건지실 여호와를 찬양하라"
하시며, 응답하시고 구원하셨습니다.

"저가 말씀을 보내어 저희를 고치사 위경에서 건지시는도다"_시편 107편 20절

허전하게 하시더니

온종일 마음을 허전하게 하시더니
저무는 석양을 바라보게 하시고

천지의 주인이신 당신을 부르며
허전한 마음 당신을 향하게 하십니다.

당신을 향한 마음은 붉게 물든
석양을 바라보면서 우주공간 가운데

전능하심으로
역사하시고 운행하시는
당신의 사랑으로 허전함을 채워주십니다.

허전함을 채우시는
당신의 사랑은 우주공간 속에서
온 맘으로 느끼기까지
능력으로 바람을 일으키시고
바람 가운데 계시는 당신을
체휼하게 하십니다.

바람 가운데 계시는 당신의 사랑은
은혜의 향기로 내 안에서
저무는 석양빛 아름다운 사랑으로
불어옵니다.

온종일 마음을 허전하게 하시더니
우주 공간 가운데 운행하시는
당신의 신비한 석양빛 사랑으로
채우셨습니다.

부르심

당신은
십자가 위에서
가시관을 쓰시고

방울방울 보혈을 흘리며
나를 부르셨습니다.

당신을 바라보라고

그러나 나는 당신을
바라볼 수가 없었습니다.

당신은
나를 부르셨습니다.

당신을 바라보는 것이
사는 길이라고

당신을 바라보는 것이
승리하는 것이라고

당신을 바라보는 것이
축복의 길이라고

당신은
나를 부르셨습니다.

나는 당신의
부르심에 나를 드렸습니다.

당신은
나를 살리고
나를 축복하셨습니다.

십자가 위에서
… 십자가를 묵상하면서 …

당신은
십자가 위에서
가시관을 쓰셨습니다.

당신은
십자가 위에서
몸을 찢으셨습니다.

당신은
십자가 위에서
피를 흘리셨습니다.

당신은
십자가 위에서
생명을 내어 좋으셨습니다.

당신은
십자가 위에서
희생의 제물이 되셨습니다.

당신은
십자가 위에서
인류를 구원하셨습니다.

당신은
십자가 위에서
사랑을 이루셨습니다.

기적을 체험하는 삶
··· 주일 예배 말씀 중에서 ···

기적을 체험하는 삶은
하나님을 바라보는 데서 옵니다.

하나님을
바라보고 사는 사람은
끝을 시작이라고 믿고
다시 일어나 앞을 향해
달려가는 사람입니다.

인간의 끝은 하나님의
시작이기 때문입니다.

하나님을 바라보며 사는 사람은
절망 가운데 자신을
내려놓지 않는 사람입니다.

인간의 절망은 하나님의
기적을 이루는 순간이기 때문입니다.

그러므로
현재의 실패는
장래의 성공입니다.

하나님은 과거에도
현재에도, 미래에도
역사하시는 우리의
하나님이기 때문입니다.

날마다 기적을 체험하는 삶은
하나님을 바라고 기대하며
하나님과 함께 하는 삶입니다.

끝까지
인내하는 자는 반드시
하나님의 기적을 볼 것입니다.

거룩한 바보
··· 주일 말씀을 받으면서 ···

"믿음이 없이는 기쁘시게하지 못하나니 하나님께 나아가는 자는 반드시 그가 계신 것과 또한 그가 자기를 찾는 자들에게 상 주시는 이심을 믿어야 할지니라"_히브리서 11장 6절

믿음을 가진 거룩한 바보들은
황폐함이 앞에 놓여 있어도
꿈을 가지고 비전을 바라보며
믿음을 가지고 앞을 향해 달려갑니다,

"믿음은 바라는 것들의 실상이요 보이지 않는 것들의 증거니"

믿음은 하나님께서
거룩한 바보들에게 주신 선물이요!
참된 평안과 안식이므로
거룩한 바보들은 삶 속에서
믿음의 힘을 가지고
환경을 이기며 기뻐합니다!

거룩한 바보들은
믿음으로 하나님의 능력을 덧입고
믿음으로 생각하고 믿음으로 꿈을 꾸며
믿음으로 환경의 모든 문제에서
믿음으로 환경을 다스리며 승리합니다.

거룩한 바보들은
믿음의 방패를 가지고
악한 자의 화전을 소멸하고
믿음을 굳게 하고 세상을 이깁니다.

거룩한 바보들은
하나님께로서 난 자이므로
하나님의 능력을 가지고
세상 속에서 하나님의 영광을 이루며
능력 있는 바보의 삶을 삽니다.

그러므로
믿음은 거룩한 바보들이 믿는 것입니다.

가만히 부르면

당신이
보고 싶으면
눈을 감습니다.

당신이
그리워지면
찬송을 부릅니다.

그래도
당신이 보고 싶으면
조용히 무릎을 꿇습니다.

무릎을 꿇어도 당신을
향한 그리움이 사라지지 않으면
조용히 두 손을 모아
마음을 열고 당신의
이름을 가만히 부릅니다.

당신의 이름을
가만히 부르면 당신은
내 안에서 말씀하십니다.

너와 함께 있노라고
언제나 너와 함께 동행하며
늘 네 마음에서 너와 함께
거하노라고 하십니다.

그리고 당신은
나를 바라보시며
나의 부름에 따뜻함으로
조용히 대답해주십니다.

"너는 내 것이라"

나는 대답합니다.
나는 당신의 소유입니다.

내 영혼이

내 영혼이
세상 풍랑 가운데 있을지라도
세상에 물들지 않도록 도우시며
영혼이 병들거나 잠들지 않게 하소서!

내 영혼이
정신을 차리고
깨어 있도록 도우시며
냉철한 영혼의 지혜로움으로
넘어지고 쓰러지지 않는 영혼이게 하소서!

내 영혼을
긍휼히 여기시며
당신의 사랑으로 이끄시고
기도의 문을 열어 주셔서
기도하는 영혼이 되어
강한 영혼으로 일어서게 하소서!

내 영혼이
깨어 기도하므로
세상 올무에 걸리지 않게 하시고
성령의 도우심을 입어
능력으로 강하게 하시며
하나님만을 향해가는
정결한 영혼이 되게 하소서!

내 영혼이
깨어 기도하는 영혼이 되어
하나님 앞에서 사랑스러운
영혼이 되게 하시고
영혼의 양식 말씀을 먹음으로
영혼이 흡족하게 하소서!

내 영혼이
영혼의 흡족함으로
세상 풍랑 가운데서
능히 이기고 승리하며
찬양하는 영혼이게 하소서!

파도와 모래사랑
··· 송도 바닷가에서 ···

바다 물결
이리저리 출렁이다
거대한 파도를 이루고
갯바위로 달려가 내리쳐보지만
바위는 요동치 않고
파도는 부끄러운 듯이
부서져 내린다.

황금빛 모래는
파도의 부끄러움을
감싸며 몸을 맡긴다.

파도는 금세
모래와 사랑을 나누고
모래는 수줍은 듯
파도에 몸을 맡기며
파도와 엉키어 바다로 향한다.

바다 속 인어가 파도와 모래 사랑에
질투하지 않을까?

바다 위로 나르는 갈매기 떼는 파도와
모래 사랑에 노래하고 춤추며 장단 맞춘다.

파도는 밀려와 모래와 사랑의 키스하고
부끄러워 도망치다 모래 입술의 달콤함에 매혹되어
멀리 가지 못하고 되돌아와 키스하고 멀어져간다.

"나는 파도요 너는 모래라
달려와 얼싸안은
파도와 모래사랑이라!"

바위가 지켜봐주고
갈매기가 축하해주는
나는 파도요 너는 모래라!

의인들아
… 새벽 기도회 때, 시편 33편 1절에서 11절 …

의인들아
여호와를 즐거워하고
찬송하라!

수금으로
열줄 비파로 여호와를
높이고 찬송하라!

새 노래와
즐거운 소리로
공교히 연주하며 노래하라!

여호와의
말씀은 정직함으로
그 행사는 다 진실함이라!

정의와 공의를 사랑하시고
인자하심이 충만함이라!

말씀으로 하늘을 지었고
만상이 그 입 기운으로 이루었도다.

바닷물을 모아 무더기같이 쌓으시고
깊은 물을 곳간에 두심이라!

"여호와의 계획은 영원히 서고 그의 생각은 대대에 이르리로다"

여호와를 자기 하나님으로
섬기고 찬송하며 높이는 자는
복이 있음이라!

침묵이 흐르고
··· 생사의 갈림길에 놓여 있는 집사님을 바라보면서 ···

침묵이 흐르고
긴장된 마음 때문인지
초조함이 감도는 순간
마음을 조여들게 합니다.

초조한 시간이 지나고
나는 영혼의 침묵을
깨고 자리에서 일어나
밖으로 나갑니다.

인간의 생사화복은
하나님께 있으니
그분께 맡기고 기도합니다.

영혼의 외침과 부르짖음에
응답의 은총을 베푸실
하나님께 감사드립니다.

침묵을 깨고 엎드려
생명의 주인이신 하나님께
몸부림치며 부르짖는
영혼의 갈함을 채우십니다.

침묵을 깨시고
영혼의 외침과
부르짖음에 귀 기울이시고
하늘의 영광을
선포하시는 하나님께
감사드립니다.

하늘 가까이

하늘 가까이 더 가까이
내 영혼아 달려가자!

하늘 가까이 더 가까이
하늘 아버지를 향해
내 영혼아 두 손을 모으자!

하늘 가까이
더 가까이 가는 길은
무릎을 꿇고 영으로

하늘 아버지를
부르는 것이니
내 영혼아 내 영혼아

두 손 모아 무릎 꿇고
하늘 아버지를 부르자!

하늘 가까이 달려가
영혼의 부르짖음으로

하늘 문을 두드리면
하늘 문이 열리고
하늘 아버지를 만날 수 있으리라!

하늘 가까이 더 가까이
내 영혼이 달려가
하늘 아버지를 부르면
하늘 아버지는 나의 부르짖음에
하늘 문 열고 만나 주시리라!

불꽃으로

떨기나무에
불꽃으로 임하신 하나님
기도 가운데 불꽃으로 임하소서!

기도의 불을 피우기를 원합니다.
하나님의 불꽃으로 태워지기를 원합니다.

떨기나무에
임하셨던 하나님의 불꽃으로
영혼을 태우소서!

기도의 불을 피워
하나님의 능력으로 채우서서
영혼을 건지는 전도의
불을 피우게 하소서!

세상 가운데
죽어 있는 영혼들을
태우는 불꽃이 되게 하소서!

떨기나무 가운데
불꽃으로 임하셨던 하나님
나의 영혼에 임하소서!

기도의 불을 피우기를 원합니다.
전도의 불을 피우기를 원합니다.
헌신의 불을 피우기를 원합니다.
하나님의 불꽃으로 내가 태워지기를 원합니다.

질투하는 사랑

당신은
사랑으로
다가오는가 싶으면
어느새
영혼의 호흡을 이루고
영혼의 호흡 안에서
사랑으로 함께하십니다.

당신은
사랑으로
다가오는가 싶으면
어느새
눈물로 다가와
눈물이 기쁨이 되게하십니다.

당신의 사랑은
측량할 수 없는 사랑으로
언제나
내 영혼을 이끌어
생명수 강가로 인도하십니다.

당신의 사랑은
질투하는 사랑으로
당신만을 사랑하라 하십니다.

당신은
당신 한 분만을 사랑하는 자를
사랑하시고 당신을 간절히
사모하며 찾는 자를
만나 주신다 하십니다.

당신은
당신을 사랑하는 자를
축복하시고 천대가지
은혜를 베푸신다 하십니다.

내 영혼 깊은 곳에서

내 영혼
깊은 곳에서
사랑의 손 내미시고
연약한 손잡아
일으키시며
삶의 무거운 짐
벗기신 당신은
내 삶의 주인이십니다.

내 삶의
주인이신 당신은
내 영혼의 깊은 곳에서
내 영혼과 함께
호흡을 이루며

내 삶의
터전에서
흘리는 나의 눈물을
닦아주시고
기쁨으로 다가와
내 영혼을 만족하게 하십니다.

내 영혼을
사랑하시는 당신은
내 영혼을 불쌍히 여기시며
긍휼을 베푸시는
내 생명의 근원이시며
내 영혼의 아버지이십니다.

내 영혼의 아버지
당신을 사랑합니다.

주님

주님!
사랑합니다.

주님을
사랑하고
또 사랑합니다.

주님!
나 주님을 향해서
나의 온 맘을 다해
주님을 향해 가렵니다.

주님!
주님의 사랑이
고귀한 사랑이기에
주님의 사랑을 따르렵니다.

주님!
내가 주님께
나를 내려놓으며
주님의 영광을 위해
기뻐 받으시기를 원하며
나의 생명을 주님께 드립니다.

나는
주님의 것이고

주님은
나의 사랑
나의 전부이기 때문입니다.

힘을 내야지

마음이
아프고 서러워서
금방이라도
눈물이 쏟아질 것처럼
슬프지만
하늘 아버지를
바라보며 웃어야지

영혼이
쉼을 얻지 못해
지치고 곤해서
금방이라고 쓰러질 것 같은
혼미한 영혼이 되어서
정신이 몽롱하지만
하늘 아버지를 바라보며
정신을 차려야지

온몸과
영혼이 지쳐서
벼랑 끝에 서 있는 것처럼
금방이라도 떨어질 것만 같지만
하늘 아버지를 바라보며
벼랑 끝에서 돌아서야지

누적된 피곤이
내 영혼을
강하게 누르지만
힘을 내야지

힘을 내고
일어서서
하늘 아버지가
나를 믿고 맡기신
하늘나라 일들을 감당하며
힘을 내고 앞을 향해서 달려가야지!

문득문득

문득문득
가슴으로
스며드는 그리움

가만히
바라보며
웃어주던 그 웃음이
가슴을 저미게 합니다.

가만히
손잡아주던
그 따스한 손길이
그리움으로
가슴을 적십니다.

가만히
손잡으며
가슴에 안아주던
그 포근함이
보고픔으로
가슴을 울립니다.

문득문득
당신이 나를 바라보며
웃어주던 그 모습이
내 눈에 아른거린
그리움으로 다가옵니다.

당신은 아니 계신 듯

내가
당신을
부를지라도
당신은 대답이 없습니다.

내가
당신을
향할지라도
당신은 보이지 않습니다.

내가
당신을
가까이 하고자 할 찌라도
당신은 먼 곳에 계십니다.

내가
당신을
애타게 찾을지라도
당신은 아니 계신 듯
침묵하십니다.

내가
당신이
어디에 계신지 몰라
소리치며 부를 때

당신은
내 마음에 계신다고
나의 부름에 침묵을 깨고
대답하십니다.

하늘 아버지의 사랑

당신의 사랑은
온 우주를 담고
내가 그 사랑으로
바다에 잠겨 있는듯합니다.

당신의 사랑은
때로 우주 공간 가운데
나 홀로 있는 것만 같습니다.

당신의 사랑은
가슴 설레임으로
하늘 가운데 속해 있는 것 같습니다.

당신의 사랑은
세상을 품은 듯
가슴이 뜨거워집니다.

당신의 사랑은
기쁨으로 다가오는가 싶으면
세상을 바라보는 슬픔으로 다가옵니다.

당신의 사랑은
탄식으로 다가오는가 싶으면
영혼의 갈함으로 다가와
내 눈에서 눈물이 마를 날 없는
사랑으로 다가옵니다.

당신의 사랑은
내 영혼을 이끌고
당신의 전에서 당신만을
부르라 하는 사랑입니다.

당신의 사랑은 측량할 수 없고
당신의 사랑은 끊을 수 없고
당신의 사랑은 풍성한 축복으로
채우는 하늘 아버지의 사랑입니다.

새벽이슬처럼
<small>… 고신대학교 영도 캠퍼스 중고등부 수련회 말씀을 받으면서 …</small>

하나님을 향한 거룩한 열망을 가지라!
하나님을 향한 거룩한 관심을 가지고
하나님께 속한 자가 되어라!

기도하고 사모하면서 가슴을 치면 하나님은 만나주신다.

주님께서
마음의 문을 두드릴 때 듣는 자가 되어라!
하나님의 음성을 듣는 자가
주님의 부름에 응답하는 자가되리라!

주님을
만나고자 하는 열정이 있을 때
하나님의 음성을 들을 수가 있고 만날 수가 있다.

주님을
만나기 위해
하늘 문을 두드리라!
하나님께 집중하고
하나님을 경험하기를 사모하라!

하나님의 거룩한 능력이 충만하기를 사모할 때
하나님의 터치를 경험하게 되고
하나님의 터치를 경험할 때
하나님의 일꾼으로 새벽이슬처럼 일어날 것이다.

그러므로
하나님을 만나고자 하는 열망을 가지라!
하나님을 향한 거룩한 관심을 가지라!
하나님을 경험하는 자가 되어라!
하나님을 경험하는 자는 반드시 쓰임 받을 것이다.

황폐한 마음

마음이
황폐하고 광야 같은
메마름이 되어 갈한 심령으로
목이 마르고 영혼의 곤함으로
지치고 쓰러져 일어서지 못한
영혼의 목마름이 주님을 찾고 찾습니다.

광야같이
황폐한 마음에
주님의 기름 부으심으로
목마른 갈증을 마르지 않는
생수로 채우시기를 사모합니다.

주님만이
목마름을 채우시고
흡족하게 하시며 영원히
마르지 않는 생수를
공급하시기 때문입니다.

날마다
생명수 강가로 이끄시어
갈한 영혼을 일으키시며
마르지 않는 생명수로 채우셔서
은혜의 강에서 황폐한 마음이
부드럽고 온유한 마음으로
새롭게 되기를 사모합니다.

하늘에

하늘에 마음을 놓고
하늘을 향해 달려가자!

하늘을 향해 달려가면
하늘에 계신 영의 아버지가
두 팔 벌리고 반겨 주시리라!

하늘에 뜻을 두고
하늘에 소망을 두고
하늘에 꿈과 비전을 가지고
하늘에 계신 영의 아버지를 향해 달려가면
하늘에 계신 아버지가 이루시리라!

하늘에 계신 영의 아버지는
하늘에 마음을 두는 자를 기뻐하시고
하늘을 향해서 달려가면
하늘의 아버지 뜻을 보이시고
하늘의 뜻을 이루라고
하늘로부터 아버지의 힘과 능력을 공급하시리라!

하늘 아버지는
하늘을 향해 달려가는 자를 사랑하시고
하늘을 향해 달려가는 자를 두 팔 벌려 반기시며
하늘의 축복으로 채우시고 기뻐하시리라!

분에 넘치는 사랑
… 외동제일교회 성도님들의 사랑 감사합니다 …

이렇게 귀한 사랑
받을 자격도 없는데
당신들은 끈임없는 사랑을
쏟아 부어 주십니다.

분에 넘치는 사랑
그 사랑은 그리스도 안에서
믿음으로 연결 되어진
하나님의 사랑을 공급받아
부어지는 사랑이기에
고귀한 사랑인가 봅니다.

나는 당신들이
부어주는 사랑이 너무 크고 귀해서
그 사랑 받을 때마다 감사의
눈물로 넘치는 사랑으로 받습니다.

그리스도 안에서
부어주는 당신들의 사랑에
몸 둘 바를 모르겠지만
주시는 사랑이 넘침으로
나도 이 사랑을 받아
되돌려 주는 자가 되려 합니다.

당신들이
내게 주는 사랑은
그리스도 안에서 향기로운
사랑으로 공급됨을 알기에
내게는 분에 넘치는 사랑으로
늘 눈물로 감사하게 합니다.

밤새

밤새
천둥이 치고
바람이 불며 하늘에서
번개가 번쩍번쩍
하늘을 가르더니
비가 쏟아지기 시작한다.

밤새
쏟아 붓던 빗줄기는
아침이 오면서
조용히 물러가고
아침 햇살이 방긋
얼굴을 내밀어
온 세상을 밝힌다.

밤새
천둥 번개 치고
하늘을 가르며
비바람 몰아치던
어두운 밤이 지나가고
아침 햇살이 환이 비추듯이

우리의 인생도 천둥번개
비바람 지나가고 나면
아침 햇살처럼
희망의 햇살이 환하게
우리 앞에 비추리라!

어느덧

어젯밤
새벽녘에는
가을이 오려나 싶도록
뼈마디가 시려서
이불을 덮었습니다.

봄인가 싶으면
어느덧 여름이 오고
여름인가 싶으면 어느새
가을이 되어갑니다.

어려서는
시간도 더디 가더니만

"빨리 자라서 어른이 되고 싶었는데"

오십을
바라보는 나이에서야
세월이 유수같이 빠르다던
우리 어머니 하시던 말씀이
새록새록 생각납니다.

어느새
세월이 이렇게 흘렀는지
눈가에 잔주름이 나이를
생각나게 합니다.

탈곡장처럼 훤해진 머릿속을
드려다 볼 때마다 어느새
이렇게 나이를 먹었나 싶습니다.

그러나
달음질하는 세월은
잡을 수가 없고 지나가버린
젊음도 되돌릴 수가 없으니
나의 시간이 얼마나 남아 있는지
알 수는 없지만 남은 삶을
최선을 다해서 주님을 위해 살아가렵니다.

서러운 마음에

서러운 마음에
눈물이 한 것 맺혔는데
참아 보려고 해도
눈물은 어느새 두 볼을 타고
주르르 흐릅니다.

서러운 마음이
가슴을 아프게 하고
삶 가운데 주어진
내 몫의 무거운 짐들이
가슴에 멍이 되어
눈물로 흐르게 합니다.

서러운 마음이
왜인지 모를 외로움으로
눈물이 되어 가슴을 적시고
금방이라고 쓰러질 것만 같은
무거움이 나를 짓누릅니다.

서러운 마음이
아무도 없는 광야 같은
사막에서 나 홀로 서 있는
것만 같은 외로움이 되어
가슴을 쓰리게 합니다.

인생의 무거운 짐들이
짓누를 때 지쳐서 주저앉고 싶은데
주저앉을 수가 없기에
서러운 마음에 가슴에서부터
외로운 바람이 되어 불어와
몸과 마음을 뒤흔들어
영혼 속 깊은 곳까지
스며들어 두 눈에
눈물을 흘리게 합니다.

때로 삶에 지쳐
주저앉고 싶을 때
나는 전능자이신 당신을 바라봅니다.

인생의 무거운 짐

"하나님이여 나를 구원하소서 물들이 내 영혼에까지 흘러 들어왔나이다"

_시편 69편 1절

인생의 무거운 짐들이
크고 작은 굴곡으로
거친 파도가 되어서
내 앞을 가로막을 때

잔잔한 파도처럼
부드러운 미소를 지으며
거친 파도를 이기게 하소서!

인생의 무거운 짐들이
어둠이 되어
길고 긴 터널을 지나는
고통으로 찾아와 한숨짓게 할 때에

내 앞에 잔잔한 미소를 주시고
환한 빛을 주셔서 빛 가운데서
웃음이라는 행복한 빛을 발하게 하소서!

인생의 무거운 짐들이
커다란 파도가 되어
내 힘으로 넘을 수 없는
풍랑이 되어 내 앞을 가로막을 때

풍랑을 잔잔하게 하시고
구원하실 하나님으로 인해
기뻐하게 하소서!

삶 가운데 때로 커다란 파도가
풍랑이 되어서 견딜 수 없는
무거운 짐이 되어 나를 짓누를 때
구원의 하나님을 바라보며 도우심을 구합니다.

고난의 날에

나의
고난의 날에
부르짖음을 들으시고
인생의 무거운 짐
벗기시는 구원의 하나님

꺼져 가는 영혼을
소생하게 하시고
당신의 풍성함으로 채우시며
영생의 꽃이 되게 하소서!

고난의 날에 목마른 갈증으로
부르짖는 영혼이 목마름으로 부르짖을 때
향기를 발하는 영혼의 꽃이 되게 하소서!

"고난 당한 것이 내게 유익이라 이로 말미암아 내가 주의 율례들을 배우게 되었나이다" _ 시편 119편 71절

고백하는 시편 기자처럼

고난의 날에
영혼을 돌아보고
나를 발견하므로
내 자아가 전능자이신
당신 앞에서 깨어짐으로
고난이 내게 유익이 되어
당신의 뜻을 발견하고
당신의 기쁨이 되게 하소서!

추억이 되어

당신과 함께
걸음걸음 옮길 때마다
자국마다 기쁨으로 수를 놓고

당신과 함께 걸으며
걸음걸음 자국마다 행복으로
추억을 쌓았습니다.

당신과 함께
걸음걸음 사랑으로
수를 놓으며 속삭이던
길목마다 웃음이 가득했습니다.

당신과 함께한
시간들은 행복한 추억이 되어
사랑의 속삭임으로
아련한 추억이 되어
영혼의 기도로 쌓였습니다.

당신과 함께한
소중한 순간들은
아직도 내 가슴에서
어제인 듯이 살아 숨 쉬는데

어제가 먼 옛날인 듯
당신의 사랑은
은혜의 속삭임으로만
추억이 되어 남았습니다.

구름 꽃

누가 하늘에
구름 꽃을 심으셨을까?

하늘을
쳐다보았더니
하늘 가득 구름 꽃이
소담스럽게 피었다.

소담스럽게
피어 있는 구름 꽃
산들바람이 찾아와
손짓하며 부르니

구름 꽃은
나를 보고 오라 손짓해 부르고

내 마음은
손짓해 부르는 구름 꽃 바라보며

나도 하늘 가득 피어 있는
꽃이 되어 산들바람 타고
둥실둥실 떠가는 구름 꽃이고싶다.

구름 꽃 되어서
불어오는 산들바람에
꽃가루 날리는 꽃향기이고 싶다.

구름 꽃
누가 심으셨을까?
만물의 주인이신 영의
아버지가 심으셨으리라!

조용히

주님!
오늘도 조용히
아주 조용히 주님을
마음 깊은 곳으로부터
불러봅니다.

내 영혼
깊이에 계시는 주님은
조용히 부르는 나의 부름에
부드러운 음성으로
"여기 있노라고 대답하십니다."

주님!
내 영혼의 깊은 곳에서
대답하시는 주님이 계시기에
나는 오늘도
주님과 동행하며 즐거워하고
행복합니다.

주님!
내 영혼 깊은 곳에서
나와 함께 동행 하시며
주님은 나의 걸음을 이끄시고
나의 마음 가운데서
나를 가르치시고 지도하십니다.

주님!
나를 가르치시고 이끄시는 주님은
언제나 나의 힘이 되시고
나의 능력이 되십니다.

주님!
나는 오늘도 조용히
"나의 힘이 되신 여호와여 내가 주를 사랑하나이다"
고백하며 주님을 조용히 부릅니다.

경건의 삶

··· 최일도 목사님 부흥회 때 말씀을 받으면서 나를 돌아보는 순간 이였습니다 ···

"하나님 아버지 앞에서 정결하고 더러움이 없는 경건은 곧 고아와 과부를 그 환난중에 돌아보고 또 자기를 지켜 세속에 물들지 아니하는 그것이니라"

_야고보서 1장 27절

나는
하나님 앞에서
경건의 삶을 살아가고 있는가?

하나님 한 분만을
두려워하는 신앙으로
순교의 삶을 살아가는
믿음을 가지라!

그때에
하나님의 은혜의 강에서
헤엄치며 살아가게 되리라!

하나님
앞에서 정결함으로
썩어져가는 양심을 바로 하고
하나님께서 기뻐하는 삶을 살며

고아와 과부를 돌아보며
사랑을 실천하고
자기를 지켜 세속에 물들지 않는
경건한 삶을 사는 자가 되어라!

당신이 부르실 때

… 교회 할 일들이 있어 도움을 구할 때 핑계하며 못 한다 할 때마다 나를 돌아보며 주님 앞에서 핑계하는 자가 되지 말자고 다짐합니다 …

당신이 부르실 때
핑계하지 않는 믿음으로
있는 자리에서 있는 그대로
당신께 드릴 수 있는
믿음이 되게 하시고

입술로만 드리는
외식적인 믿음이 아니라
온전히 순종하며
꾸밈없는 모습으로
시간도 물질도 건강도
생명까지도 아끼지 않고
전부를 드릴 수 있는
믿음이 되게 하소서!

당신이 쓰시고자 부를 때
형식적인 충성이 아니라
생명을 다해 충성하는
믿음이 되게 하시고
당신이 부를 때
진실한 믿음을 다지고
아름다운 헌신과 참된 희생으로
부르심에 순종하게 하소서!

그래서
주님의 십자가의 사랑과
주님의 십자가의 희생과
주님의 십자가의 헌신을
본받은 믿음으로 당신의 뜻을 이루게 하소서!

신음소리 들으시고

부르짖음을
들으신 하나님께서
은혜 주시기를 원합니다.

나의 기도에 귀를
기울이시는 하나님
고통 속에서 부르짖을 때
외면하지 아니하시는 하나님

나의 고통 가운데서
돌아보시는 하나님
나의 신음소리를 들으시고
능력의 강한 팔로 나를 붙드셨습니다.

어제나 오늘이나
동일하신 하나님께서
부르짖음을 들으시고
응답하심을 감사합니다.

"환난 날에 나를 부르라 내가 너를 건지리니 네가 나를 영화롭게 하리로다"

_시편 50편 15절

환난과 고통 중에서
부르짖음을 외면하지 아니하시고
무거운 멍에와 결박을 끊어주시고
그리스도 안에서 참 안식으로
자유하게 하심을 감사합니다.

환난과 고통 가운데서
건지시고 자유함 주셔서
세상에 빛 되기를 원하시고
거룩한 하나님의 백성으로
젖과 꿀이 흐르는 축복으로 채우시고
풍성한 은혜로 채우심을 감사합니다.

잊은 듯이

당신을
잊은 듯이
침묵할지라도
숨 쉴 때마다
나와 함께 숨쉬고

당신을
잊은 듯이
서 있을지라도
내가 서 있는 그곳에
당신도 함께 서 계십니다.

당신을
모름처럼
하루하루를
지내고 있어도
내가 머무는 곳에
당신도 함께 머물고

당신을
외면 한 것처럼
침묵하며 많은 날을
지나쳐 갈지라도
내가 걷는 길목마다
당신은 나와 함께 걸음걸음
자국을 남깁니다.

잊어버린 마음

마음이 사라져
어디론가 가버렸다.

마음의 항아리가
텅 비워져 빈 항아리가
되어 버렸다.

마음의 항아리에 담겨 있던
마음이 어디론가
사러져 버렸다.

아무리 찾으려 해도
찾을 수가 없고
어디서 잊어버렸는지
알 수가 없다.

마음을 어디에다 놓았을까?
마음을 언제 잃어버렸을까?

잃어버린 마음을 찾으려
몸부림 쳐보아도
눈물 흘리며 부르짖어보아도

잊어버린 마음 찾을 수가 없다.

텅 비워져 버린 마음
빈 항아리가 되어 영혼을 힘들게 한다.
마음이 없는 듯이
기도할 수가 없어 텅 비어 버린
마음 찾으려고 영혼의
몸부림을 쳐본다.

영혼의 노래
··· 새벽기도를 드리며 ···

영혼의
침묵을 깨고
조용히 들리는 소리
천상의 소리

영혼을 뒤흔들어 깨우고
고요함 가운데
들리는 영혼의 노래가

하늘을 가르고
영혼을 흔들어 깨우니
하늘을 향해 두 팔 벌려
하늘 높이 올리고

찬양의 입술 열어
고개 들어 하늘을 향해
영혼의 노래 부르니

고요함 가운데서
잠자던 영혼이
하늘 향해 두 팔 벌려

영혼의 입술 열어
하늘나라 방언으로 찬양 부르니
천상의 노래 영혼의 노래라!

먼 곳에

당신이
먼 곳에 있어도
내 안에서 당신의
숨소리가 들리는 듯

온몸으로
당신이 느껴짐은
내 안에 당신이 함께
호흡하며 나와 함께
숨을 쉬는 까닭입니다.

당신이
멀리 서 있어도
당신의 호흡이 느껴짐은
내 마음에 당신이 그리움으로
담겨 있기 때문입니다.

내 안에
담겨 있는
당신의 숨소리가
먼 곳에서 그리움으로
가슴에 다가오고

그리움으로
다가온 당신의 호흡이
멀리서도 느껴지는 것은
내 마음에 담겨 있는
당신을 잊지 못함 때문입니다.

당신이
먼 곳에 머물지라도
내 안에 머무는 당신은
언제나 나의 호흡 안에 머물고
함께 호흡하며 제율하는 것은
당신을 사랑하는 까닭입니다.

앞을 향해

내 인생의
무거운 짐들이
생활 속에서
나를 힘겹게 할지라도
나는 넘어지고, 쓰러지며
좌절하지 않으련다.

내 삶의 곤함이
나의 어깨에 무거운
짐 되어 마음을
누르고 슬프게 할지라도
나는 결코 포기하거나
쓰러지지 않으련다.

내 인생을
바라보고 계시는 분이
내 인생의 힘이 되시고
내 삶의 무거운 짐 대신 지시며

나를 향해
힘과 용기를 주시며
좌절하지도 말고,
넘어지지도 말라시며
쓰러지지도 말라하시니

나는 내일을 꿈꾸며
가슴에 장래를 품고
좌절하지도 포기하지도 않는
내일의 희망을 향해서
일어서서 앞을 향해 달려가련다.

내 삶에 꿈을 주시고
용기를 주시는 당신이
내 삶의 이유이기 때문입니다.

내 삶의 이유

당신이 언제나
내 삶의 이유가 되어
나와 함께 계시니
나는 기쁨을 누리고

당신이 언제나
내 곁에 머물므로
나는 행복할 수 있고

당신이
언제나 내 곁에서
나의 꿈이 되시며
나의 희망이 되시니
나는 행복을 누리고

당신이 언제나
내 안에서 내 영혼을
주장하시고 당신의 호흡 안에
나로 있게 하시니
나는 언제나 당신으로 인해
즐겁고 행복합니다.

내가 기쁘고 행복한 것은
당신이 내 삶의 이유이기 때문입니다.

나의 피난처
… 새벽기도 말씀을 받으며 …

나의 영혼아
잠잠한 가운데
하늘을 가르고 임하시는
하나님을 바라고
하나님을 기다리라!

하나님은
나의 구원이시고
나의 반석이시며
나의 산성이시니
내가 요동하지 아니하리라!

나의 영혼아
넘어지고 흔들리는
인생을 바라보지 말고
높음 중에 계시는
하나님을 바라라!

나의 영혼아
나의 소망 되시는 하나님을
잠잠히 바라고 하나님을
좇아 하늘을 향해 나아가자!

나의 구원과
영광이 하나님께 있으니
하나님은 나의 힘이시요

"나의 반석이시요 나의 피난처시라" _시편 62편

믿음의 바람

하늘이 높아지고
가을바람이 불더니
길 가장자리에
아름답게 피어 있는
코스모스가 한들거리며
눈길을 끌어당기는
풍성한 계절이 되었다.

코스모스가
바람결에 한들거리며
눈길을 끌어당겨
꽃잎 날리는 아름다운 계절에
주님의 은혜로 풍성히 채워지는
은총이 가득한 가을이
되기를 바라며

길 언저리마다
코스모스 상큼하게
꽃잎 터트리고
향기 뿜어내는
향기로운 이 가을에
주님 주시는 은혜로
향유 옥합 깨뜨리는
풍성한 믿음의 바람 불기를
마음 가득 소망한다.

사랑의 불꽃

사랑은 때로
침묵하는 것 같으나
가슴속 깊은 곳에서
사랑의 불꽃이 되어
그리움으로 일렁이는 것

잠잠 한 것 같으나
가슴속 깊은 곳에서
바람이 되어 그리움으로
파도치게 하는 것

먼 곳에 있는듯 하지만
마음에서 눈물이 되어
그리움의 물결을 이루고

그리움의 물결로
출렁이는 사랑은
가슴을 태우는 사랑으로
가슴을 태우는 불꽃이 되어
자신을 태우는 불꽃…

내 사랑

내 사랑 당신이
보고 싶어지면
나는 두 눈을 꼭 감고
당신을 그려 봅니다.

두 눈을 꼭 감고
그려보는 당신은
그려지지 않는
내 사랑입니다.

내 사랑 당신이
그리워지면
나는 무릎을 꿇고
내 사랑 당신을 불러봅니다.

무릎 꿇고
불러보는 당신은
내 마음에서
대답하는 내 사랑입니다.

오늘 밤에는

오늘 밤에는
아무도 아니 오시려나 보다.

바람이 불고
풍랑이 일어
거센 바람이 세차게 몰아쳐
세상을 삼킬 듯 엄습하는
태풍 때문에 움츠리고 들어앉아

오늘 밤에는
아무도 아니 오시려나 보다.

태풍이 몰려와
거센 바람을 일으키고
세상을 쓸어버릴 것처럼
비바람 세차게 몰아치니
놀란 가슴으로 움츠리고 숨어서

오늘 밤에는
아무도 아니 오시려나보다.

주님!
비바람이 몰아치고 풍랑이 일어도
나는 당신을 향한 기도의 손은 풀지 않겠습니다.

가까이에

가까이에
아주 가까이에
당신이 계시는 줄 알았는데

어느 날
당신이 먼 곳에
계심을 알았습니다.

당신을 부르면
달려올 수 있는 가까운
거리에 계시는 줄 알았는데

당신은 먼 거리에
아주 먼 거리에 계심을 알았습니다.

손 내밀면 다다를 듯이
부르면 달려 올 듯이

부르면 귀 기울여 듣고
포근하게 안아주던 따뜻함도

차갑게 식어져 감은
시간이 흐름 때문인가 봅니다.

손 내밀면
따스한 손길로 반기며
잡아주던 손길도 멀게만 느껴집니다.

가까이에
아주 가까이에
당신이 계신 줄 알았는데
당신은 먼 곳에 너무 멀리 서 계십니다.

환난을 당하나
··· 시편 77편 1절에서 22절, 새벽말씀을 받으면서 ···

"내가 내 음성으로 하나님께 부르짖으리니 내 음성으로 하나님께 부르짖으면 내게 귀를 기울이시리로다"_ 시편77 편1절

삶 가운데서 환난을 당할 때
두려움과 고통이 있다 할찌라도
하나님을 진정으로 만나고 사귀는 자는
좌절하지 아니하며 넘어지고 쓰러지지 아니하리라!

"나의 환난 날에 내가 주를 찾았으며 밤에는 내 손을 들고 거두지 아니하였나니 내 영혼이 위로 받기를 거절하였도다"_시편77편 2절

인생 가운데 찾아오는 고통과 환난을 만날 때
하나님을 생각하고 하나님의 도우심을 구하라!

하나님의 인자하심을 기대하고
하나님의 자비를 기대하며
하나님의 도우심을 구하라!

애절한 음성으로 하나님을 향해 부르짖으면
하나님은 우리의 연약함을 불쌍히 여기시고
전능자요! 지존자의 손으로 도우시리라!

두려움 가운데서도 좌절하거나 낙망치 말고
하나님을 의지하고 기대하면 평안으로 채우시고
하나님께서 베푸시는 놀라운 기적을 체험하게 하시리라!

하나님의 능력을 인정하며
하나님을 높이고 경배하며
하나님께 찬양과 영광을 드리고

하나님의 사랑을 높이고 의지하며
하나님을 묵상하고 신뢰하는 자는
환난을 당하나 부끄러움을 당하지 아니하리라!

참 포도나무
··· 요한복음 15장 1절에서 7절 ···

예수님께서
나는 참 포도나무요
아버지는 농부라 하시며
예수님께 있어 과실을 맺지 않는 가지는
아버지께서 제해 버리고
과실을 맺는 가지는 더 과실을
맺도록 깨끗하게 하신다 말씀하시네!

그러므로
예수님이 일러준 말씀으로
이미 우리는 깨끗하게 되었으니
예수님 안에 거하면
예수님도 우리 안에 거한다 하시네!

가지가 포도나무에
붙어 있지 않으면
절로 과실을 맺을 수 없고
우리가 예수님 안에 있지 않으면
과실을 맺을 수 없다 말씀 하시네!

예수님은 포도나무요
우리는 가지니 우리가 예수님 안에
예수님이 우리 안에 계시면
과실을 많이 맺을 것이나
예수님을 떠나서는 아무것도
할 수 없다 말씀하시네!

우리가 예수님 안에 거하지 않으면
잘라진 가지처럼 버려져
마귀란 놈이 우리를 모아다
지옥 불에 던지리라 말씀하시네!

그러므로
예수님 안에 거하고
예수님 말씀이 우리 안에 있으면
무엇이든지 마음에 원하는 데로
구하면 이루리라 말씀하시네!

텅 빈 교회당

텅 빈 교회당
조용히 앉아
묵상하는데

나의 사랑
나의 주님 교회당 가득
웃으며 조용히
나를 바라보신다.

따뜻한
미소를 지으시며
내 마음 가득

나의 사랑
나의 주님 내 마음에
기쁨 주신다.

언제나
나 홀로인 것처럼
외로움 느끼며
눈물 흘릴지라도

나의 사랑
나의 주님
나 홀로 두지 않고
내 곁에 함께 하시며
나의 위로와 기쁨 되신다.

신음소리

당신을
향한 영혼의
신음소리로
당신을 부름은

내 영혼이
당신을
향한 눈을 떠
당신을 바라봄이
애절하고
애절함입니다.

내 영혼이
당신을 향해
나아감이
내 생명 당신의
호흡 가운데
머물기를
간청함입니다.

내 영혼이
당신을
바라보는
영혼의 눈을 떠
당신을 바라봄이

당신이
십자가 위에서
내리는
생명수로
갈한 내 영혼
먹이시기를
갈급한 마음으로
사모하며 기다림입니다.

아버지

잊혀져가는
기억 속에
아련히
떠오르는 얼굴…

긴 세월 지나면서
퇴색한 모습으로
다가서는 당신은

영원히
잊을 수 없는
그리움이기에
눈물 흘리며
애타게 불러 보아도

지금은 세상에
머물지 않는 당신

당신은
사랑하는 "내 아버지"

당신이
못 견디게 보고 싶어서
그리워서 "아버지, 내 아버지"
목메이게 불러 보아도
당신은 대답이 없습니다.

슬픔

마음 가운데
슬픔이 찾아와
송곳으로 마음을 꾹꾹 찔러
칼로 도려내는 아픔으로
가슴을 찢어놓는다.

고통이 큰소리를 발하며
세상을 뒤 흔드는
뇌성처럼 찾아와
가슴을 보이지 않는
면도날로 찢어놓으면

나는 찢어진 가슴을 안고
두 손을 모아 가슴에
올려놓고 조용히
무릎을 꿇어 엎드린다.

그리고
그분께 찢어진 가슴을
조용히 보여 드리면

그분은 살며시
내게로 다가오셔서
찢어진 가슴 때문에
오열하는 마음을
어루만지시며

"천만인이 너를 둘러 칠지라도 두려워하지 말 것은 내가 너와 함께 함이라!"

당신은 끝없는 사랑으로
찢어져 상처 입은 가슴을 어루만지시며
위로하시고 나의 눈에
눈물 닦으시는 나의 사랑
나의 주님이십니다.

눈빛 속에

마음이 슬프고 아파서
금방이라도 눈물이
주르르 흐를 것만 같다.

얼굴만 쳐다보아도
눈빛만 바라보아도
무엇을 말하려는지…

마음에
무엇을 원하는지
잠시만 서로 바라보고
이야기를 나누어도

그 눈빛 속에서
움직이는 입술 안에서
무엇을 말하고 싶어 하는지
어떤 아픔이 있는지
마음이 통할 텐데

마음 문을 굳게
걸어 잠그고
눈길마저 피하고
입을 열지 않으니…

나의 마음이 슬프고 아파서
흐르는 눈물을 보이지 않으려고
하늘을 쳐다보며 고인
눈물만 말린다.

밤마다

주간 내내
밤마다 새벽마다
아무도 없는 틈을 타
아버지를 부르고 또 부르며
많은 눈물을 쏟아 부었다.

아버지만이
나의 아프고 설은 마음을
아시고 나의 눈물
닦아 주시고 위로와
평안을 주실 것을 확신하기에

주간 내내
마음을 열어 아버지를
향해서 몸부림치는
통곡의 기도를 드렸다.

아버지는
나의 눈물과 몸부림의
간구를 외면하지 않으시고

부족한 나의 영혼을
새롭게 하시며 위로하시고

"나는 여호와요 모든 육체의 하나님이라 내게 할 수 없는 일이 있겠느냐"

_예레미야 32장 27절

연약한 육체와
곤한 영혼을 일으키시고
평안과 기쁨으로 새롭게 하셨다.

"나는 일어서리라!
모든 육체의 하나님이 나와 함께하시니
쓰러지지 않으리라! 넘어지고 자빠지지 않으리라!

묵언의 기도

보고 싶고
그리워지는 것은
당신의 마음
알기 때문입니다.

당신은
멀리 서 계셔도

소리 없이
나를 바라보시고

묵언의 기도로
나의 등 뒤에서

힘을 실어주는 기도자로
서 계시기 때문입니다.

때로는 지친 손
잡아 일으키며
앞을 향해

뛰어가라 재촉하며
이끄는 당신의
기도가 힘이 됩니다.

지치고 힘든
나의 등 뒤에서
묵언의 기도로
힘을 실어주는 당신이

오늘
유난히도 보고 싶고
그리워집니다.

출렁이는

당신을
향한 영혼의 그리움

살며시 다가와
마음에 자리하고

당신을 향한
보고픔 그리움 되어
가슴을 적시니

가슴 적신
그리움 눈물 되어
영혼을 적시는
눈물샘에
고이 고여

출렁이는
그리움 되어
파도를 이루고

파도를 이룬 그리움
당신을 향한 영혼

그리운
눈물 흘리게 합니다.

내 의의 하나님
··· 30일 새벽작정 기도드리면서, 시편 4편 1절에서 8절 ···

"내 의의 하나님이여 내가 부를 때에 응답하소서 곤란 중에 나를 너그럽게 하셨사오니 내게 은혜를 베푸사 나의 기도를 들으소서"_시편 4편 1절

나의 하나님 나의 여호와여
나의 영혼이 부를 때
나의 부름에 귀 기울이시고
응답의 은혜를 베푸소서!

내가 곤란 중에 내 하나님께
나의 곤란을 내려놓고
도우심을 구할 때 너그럽게 하시고
나를 긍휼히 여기셔서 응답하소서!

나의 기도를 들으시고
도우시는 하나님 내가 무엇을 구할 때
궤휼을 구하지 않게 하시고

나로 내 하나님 여호와 앞에서
떨며 범죄 하지 말게 하시고
자리에 누워 심중에 말하고 잠잠하게 하소서!

오직 나로
당신의 영광을 위하여 구하게 하시며
당신께 택함 받은 자로써
내 하나님을 부를 때에 귀 기울여 들으소서!

나로 하여금 내 하나님 여호와께
의의 제사를 드리는 자가 되게 하시고
의의 제사를 드릴 때
내 하나님 당신의 얼굴을 내게 비취시며
내 마음에 두신 당신의 빛으로
기쁨이 새 포도주의 풍성 할 때보다 더하게 하소서!

내가 평안히 눕고 자기도 하리니 나를 안전하게 하시는 분은
오직 나의 하나님 여호와 당신이십니다.

당신을 사랑하시는 하나님

하나님께서는
당신을 사랑하십니다.

당신의 영혼을
내 영혼 세계에 두시고

당신을 향한
애절한 부르짖음으로
눈물의 기도를
토하게 하십니다.

내가 때로
알 수 없는 것은

왜! 하나님께서는
나의 영혼 가운데
당신의 영혼을 두시고

안타까운 심정으로
부르짖게 하시는지…

당신의 영혼과
당신의 삶과
당신의 기업을 놓고

긴절히
심장이 터질 것 같은
부르짖음으로

당신을 위해
기도하게 하십니다.

참으로 당신을
사랑하는 하나님은
당신의 영혼을
나의 영혼 세계에 두시고
당신을 위해
기도하게 하십니다.

낙망치 말라!

··· 누가복음 11장 1절에서 13절 ···

항상 기도하고 깨어 있어 낙망치 말라!
불의한 재판장도 과부의 억울한 사정을 들어주는데
하물며 우리 주님께서 응답하지 않으랴!

주님은 우리를 향해 아무것도 염려하지 말고 기도하라 하시니
문제 해결을 응답받을 때까지 인내하며 기도하라!

어떠한 절망적인 상황이라 할지라도 낙심하지 않고
인내하며 부르짖는 자에게 원한을 풀어 주시리라!

앞길이 막혀 어둠 가운데 처해 있다 할지라도
하나님께서는 당신을 부르는 자를 외면하지 아니하시고
어둠 가운데서 빛으로 인도해 내시리라!

그러므로
하나님을 부르는 자가 되어라!
하나님께서는 부르짖는 자에게 반드시 응답하시리라!
하나님 앞에서 겸손히 부르짖고 도움을 요청하는 자가 되어라!

우리의 구원자요!
우리의 힘이 되시고
우리의 능력이신 하나님 여호와를
찬양하며 높이는 자가 되어라!

모든 범사에 여호와를 인정하고 부르짖는 자에게 승리를 안겨주시리라!

하나님은 당신을 부르며 도움을 요청하고 간청하는 자를
만나주시고 축복하는 우리의 아버지시라!

어리석은 자여!

어리석은 자여!
날마다 전능자 앞에서
삶을 돌아보며

주어진 삶 가운데서
입술로 범죄 하지 말자!

어리석고 둔탁한 입술로
미련한 마음으로…

입술의 문을 지키지 못하고
형제의 은밀한 것을
감추어 주지 못하고

비방하며, 욕하고
허물을 들추어내는
어리석음을 버리자!

형제의 허물이
한가지이면 나의 허물과
흉은 헤아릴 수 없을 만큼이나
많이 있다는 것을…

왜! 까마득히 잊고
둔탁하고 미련한 입술을 열어

전능자 앞에서
입술로 범죄하고
형제의 은밀한 것을
펼쳐서 풀어놓는 자가 되려하느냐!

어리석은 자야!
둔탁하고 미련한 입술아!

날마다 전능자 앞에서
삶을 돌아보고 점검하라
그 앞에서 입술로 범죄 하지 말지!

나의 주님은

나의 주님은
나를 사랑하시고

내가 초라함 가운데서
넘어지고 쓰러져 있을지라도

나를 향해
실망하지 않으시며

연약한 나의 손
연약한 나의 무릎 일으키시고

주님의 사랑으로
주님의 능력으로 채우시고

강한 팔로 안으셔서
끝없는 힘과 용기를 주시며

나의 초라함을 불쌍히 여기시고
주님의 존귀한 사랑으로 덮으시고

십자가의 사랑으로 채우시는
좋으신 나의 주님!

지치고 힘들 때

나의 영혼이
지치고 힘들 때

주님 살며시
찾아오서서

침묵으로 조용히
나의 영혼을 부르시고

고요한 침묵 가운데서
소리 없는 미소로

손 내밀어
힘들고 지친 영혼을
붙드시고 안으시는
나의 주님

미소 가운데서
보내시는
주님의 능력으로

나의 영혼
일어서게 합니다.

주님 주시는
영혼의 미소가

나의 삶 가운데서
행복한 미소가 되어
일어서게 합니다.

보혈

당신의 붉은 피는
십자가에서 흘러내려

보혈의 강을 이루어
지구를 돌고 돌아

지구 끝
나에게까지 흘러와
나의 가슴을 적시더니…

나의 가슴에서
사랑의 붉은 피가 되어

진홍 같은 나의 죄를
당신의 보혈로
덮으시고 깨끗하게 하셨습니다.

이것은
당신이 나를 사랑하심으로
당신의 생명도 아끼지 않으시고
십자가에서 보혈을 쏟아
지구를 돌고 돌아

지구 끝에 머무는
나를 찾아오셔서
당신의 붉은 피로 덮으신
당신의 사랑은
십자가에서 흘린
보혈의 사랑입니다.

나의 기도 수첩

나의 기도 수첩에
당신의 이름이
기록되어 있지 않아도
당신을 위해 기도하는 것은
당신을 사랑하기 때문입니다.

나의 기도 수첩에
당신의 이름이
기록되어 있지 않다는 것은
당신의 이름이
나의 마음에 기록되어
있기 때문입니다.

나의 마음에
당신의 이름이
기록되어 있는 것은
당신을 사랑하기에
나의 마음에 당신의 이름이
기록되어 있습니다.

당신은 나의 사랑이기에
나의 마음을 열어
당신을 향한
기도의 손을 모읍니다!

아버지는 농부
··· 제자대학을 마치면서 ···

"내가 참 포도나무요 내 아버지는 농부라"_요한복음 15장 1절

예수님의 마음도
하나님 아버지의 마음도
열매 맺기를 원하심이라!

예수님께서
십자가를 지심도
열매 맺기를 원하셨음이리라!

예수님은 포도나무요
아버지는 농부라
나는 가지니···

과실을 맺어 농부이신 하나님 아버지를
기쁘게 하는 것이 가지의 사명이리라!

나무의 또 다른 사명은 열매를 맺어 그 씨앗으로
또 다른 나무를 내어 열매 맺어 번식해가는 깃이라!

그러므로
나무가 과실을 맺지 못하면 잘라 내어 버림을 당하리니
과실을 맺는 나뭇가지가 되어
나무인 예수님과 농부이신 하나님 아버지를
기쁘게 하는 가지가 되리라!

누구보다도

누구보다도 사랑받고
누구보다도 행복하고
누구보다도 축복받기를 원하며

기도하는 당신의 마음이
나를 사랑하는 마음 때문임을 감사합니다.

나도
당신을 사랑합니다.

그리고
당신이 세상에서
누구보다도 사랑받고
누구보다도 행복하고
누구보다도 축복받기를 기도합니다.

나도
당신을 사랑하기 때문입니다.

나의 삶

나의 삶 가운데
함께 하시는 당신은

나의 사랑
나의 주님 당신입니다.

나는
언제나
당신으로 인해
기쁨과 행복으로
채워지기를 원합니다.

주님!
당신은 나의 사랑이고
나는 당신의 사랑이기 때문입니다.

응답 받기를

… 어느 날 전화를 받았습니다. 살아계신 하나님을 만나고 싶어 몸부림치다가 서점에서 우연히
「내가 만난 기적의 하나님」이라는 책을 보았다며 …

기도응답 받기를 원하십니까?
하나님 말씀을 거부하면서
기도응답 받기를 원하지 마세요.

하나님께서는 당신의 말씀에
불순종하는 곳에 함께하지 않으십니다.

하나님 만나기를 원하십니까?
마음을 낮추고 겸손히
하나님을 기대하고 기다리세요.

하나님은 겸손한자를
기뻐하시고 만나주십니다.

하나님을 만나기를 원하십니까?
하나님 앞에서 신실 하십시오.
하나님은 신실한자를
기뻐하시고 만나주십니다.

기도는 신실한 마음을 가지고
하나님께 나아가 기록된 말씀을 붙들고
하나님께 도움을 요청하는 것입니다.

하나님 저를 살려 주세요.
도와주세요. 불쌍히 여겨 주세요.
긍휼히 여겨주세요. 은혜를 구하고
도우심을 요청은 겸손입니다.
교만한자는 하나님께 기도하지 않습니다.
무릎 꿇지 않습니다. 요청하지 않습니다.

사랑의 전달자

··· 하나님의 사랑의 영으로 채워지기를 기도하며 ···

영원한 사랑
영원한 기쁨
영원한 소망
영원히 살아지지 않는 행복

"자녀들아 우리가 말과 혀로만 사랑하지 말고 행함과 진실함으로 하자"

_요한일서 3장 18절

열심히 사랑하는 것은
영원한 소망 가운데 주어진
영원한 기쁨이 자라
행복의 열매를 맺음이라!

그러므로
사랑의 불이 붙어 있는 사람은
영혼 가운데 성령의 불이 타올라
하나님의 사랑의 영으로 충만하기를 구하고
사랑의 은사로, 사랑의 불을 태워
영혼이 사랑의 불에 태워지고
가슴에 사랑의 불을 안고, 세상에 나아가

영원한 사랑
영원한 기쁨
영원한 소망
영원히 살아지지 않는 행복과
사랑을 전하는 사랑의 전달자임이라!

근신하여 기도하라!

"정신을 차리고 근신하여 기도하라"

영혼이 깨어 정신을 차리고
마음을 겸손이 낮추며
기도의 무릎을 견고히 하고
영혼의 분별력을 가지라!

깊은 기도 가운데서
하나님과의 호흡을 이루고
하나님의 거룩하신 뜻을 좇는 자가 되어라!

그리하면
세상과 구별되어
구별된 생각을 품게 되고
기도하는 천국시민으로 살아가는
하나님의 자녀라 인정받는 영혼이 되리라!

사도바울은
우리를 향하여 기록하기를

악한 세대를 본받지 말고
오직 마음을 새롭게 함으로 변화를 받아
하나님의 선하시고 기뻐하시고
온전하신 뜻이 무엇인지 분별하도록 하라 하시니

악한 세대를 본받지 말고
두 손 모아 기도의 무릎을 견고하게 하고
근신하며 기도하는 자에게는
마귀도 대적하지 못하고 피함이라!

그러므로
영혼이 깨어 정신을 차리고
하나님과 영혼의 교제를 이루고
근신하며 기도하는 자는
세상 속에서 구별되어 승리를 이루리라!

영혼을 사랑하는 마음

주님!
우리의 마음 가운데
주님을 향하는 마음이
분산되지 않게 하시며

영혼을 사랑하고
주님을 사모하는 마음이
흩음이 없게 하셔서

주님을 사모하는 마음과
영혼을 사랑하는 마음이
하나로 묶이게 하소서!

주님!
우리의 영혼이
우리의 마음이
당신의 거룩한 사랑 안에서

당신의 은혜로 채움 받고
성령으로 기름부음 받아
당신께 붙잡힌 영혼이 되어

거룩한 당신의 뜻 따라 쓰임 받고
당신의 의를 갈망하며
심령이 뜨거워지는 영혼이 되어

갈함을 벗어버리고
약함 가운데서
강함과 능력을 덧입어

연약함과
피곤함을 벗어버리고
성령의 능력으로

강하고 담대하게 하셔서
기쁨으로 충성하는
영혼으로 묶이게 하소서!

오늘도
··· 로마서 15장 13절 ···

오늘도
그 분은
나의
발걸음을 재촉하시며…
환한 미소를 가지고
소망의 하나님을
전하라 하신다.

그리고
입술을 열어
그 분이
주신 영생의
선물을 전하라 하신다.

오늘도
그 분은
나에게 당신의 보배로운
선물을 맡기시며
사람들을 찾아가서…

당신의
보배로운 선물을
주라 하신다.

오늘도
그 분은 나의 발걸음을 재촉하시며
세상을 향해 가라하신다.

"소망의 하나님이
모든 기쁨과 평강을
믿음 안에서 너희에게 충만하게 하사
성령의 능력으로 소망이
넘치게 하시기를 원하노라!"

날 개

인 쇄 일	2010년 02월 16일
발 행 일	2010년 02월 22일
지은이	정상애
펴낸이	장사경
편집장	강연순
해외마케팅 팀장	장미야
마케팅	송석훈, 이현빈, 김학진
편집디자인	김은혜, 송지혜
경영총무	조자숙
펴낸곳	(Grace Publisher) 은혜출판사
출판등록	제 1-618호(1988. 1. 7)
주소	서울 종로구 숭인 2동 178-94
전화	(02)744-4029　　**팩스**　(02)744-6578

ⓒ 2009 Grace Publisher. Printed in Korea
ISBN 978-89-7917-883-8　　03230

이 출판물은 저작권법에 의해 보호를 받는 저작물이므로 무단 전재와 무단 복제를 할 수 없습니다.